U0037015

禪修入門50問

學佛入門 Q&A

法鼓文化編輯部 編著

〈導讀〉鍊心之旅

小時候喜看章回體的《西遊記》，章節之間起承轉合的詩句總是被跳過，只是沉溺在故事情節的追逐中，偶爾停下來，只想著：幸好玄奘法師有三位神通廣大的徒弟，再加上願意護佑的諸佛菩薩，不然，他怎麼能取得了經，他什麼都不會耶，只會念緊箍咒。後來，讀了歷史，才知道三藏法師眞的只是一個人去取經，並沒有小說中玄奇的孫悟空、豬八戒和沙悟淨，繼之而起的念頭是：他怎麼做到的？

稍長，讀金庸的武俠小說，發現愈是高明的武功愈是不落形式，眞正的高手是與生活融成一片，舉手投足間消融化解危機尚且不為人知，這時候，飄到教室外的白日夢中會猜想：唐三藏是不是也有這種厲害武功？之後，這些有趣的念頭逐漸消失在紅塵中，取而代之的是迫在眼前的柴、米、油、鹽。

中年時分，意外地禪修了三天，禁語、腿痛、紛亂的念頭……，結束後，平日話多的我，不想開口，心頭安靜了然，向聖嚴師父告假，拎著行李，一個人安步當車，由農禪寺走回東區的家，之後，連著幾天，人是清明安定的，思緒不雜亂，當下的事，一件一件地度過。想起，曾請教聖嚴師父如何每天面對如此多的事務，他說：「外境動而心不動。」我想，這就是嗎？幾天後，境界消失，心頭卻多了一分篤定，因為人心雖然難測，但是有方法了，從此走入「鍊心」的旅程。

我們總說人在江湖，身不由己，人間如同江湖，隨著時間、空間的移轉，各種角色上身，人們總要在這過程中爭一個安身立命的位置，證明自己活著的價值，在此同時，也承受著各種江湖詭譎的風險，於是，角色、位置、價值在百般努力之後，是安定？是妥協？是委曲求全？還是……，這其中，不只是給周圍的人交代、也是給自己的交代，生命只要活著，沒有一刻停歇，心，如何安定下來？

總以為壓力是可以疏解的，休假、購物、旅遊、運動，甚至由職場退休，我必須承認，只要活著，就沒有「退休」這兩個字，下一餐要吃什麼、明天要跟誰見面……，沒完沒了，這就是生活。於是，進一步想，如何可以活得少點壓力，心，不要忙得這麼累，可是這世界不會因為「我累了」而改變，接下來，會發現，只有看世界的心變了，世界才會變。

生命歷程中，現實與理想的落差，想要與需要的衝突，做自己和成全他人之間的失落，我們都以爲把相關的人、事、物擺平，就安心自在了，殊不知人定勝天的信念總在午夜夢迴的時候，隨著歲月悄悄地消失，那麼玄奘法師取經是如何做到的？

有一次，在法鼓山紐約象岡道場打禪七，那是鄉間一處僻靜的山谷，坐到第四或五天的時候，心地十分沉靜，晚間起坐後，並不想立即回房休息，於是在墨黑的夜空下往林間散步，小時候怕黑的我只覺眼前景況分明，耳中萬籟清晰，心地安定中帶著淡淡的喜悅，腳下崎嶇的山路如履平地。之後，回到寮房，睡前終於明白什麼是「心淨則國土淨」，同時，也明白心淨是鍊出來的，我相信，玄奘法師赴印度取經時的上乘武功就是「外境動而心不動」，心不動，而仍能起各種作用，心，必是清淨的。

《禪修入門50問》這本書，教的是上乘功夫，卻由周邊的配套措施入手，先由各種疑問切入，給一些基本觀念，然後告訴您看似細節卻一定會遇見的狀況，包括身體、心理和環境等部分；說不上鉅細靡遺，卻提綱契領，讓您有線索可以深入。簡單的文字，卻隱含心法，如果您在禪坐中有過片刻寧靜，您就知道這心法的本質就是「禪」。我們可能做不到玄奘法師的壯舉，仍然可以成爲鍊心高手，爲自己造就一片淨土，也爲人間增添一分清淨。

實踐大學社會工作學系副教授
聖嚴教育基金會執行長
楊蓓

目次

打開禪門

2 禪修原來如此

3 放鬆有方法

4 安心好禪修

1

打開禪門

禪修風潮爲何風行全球？

現代人物質生活進步，伴隨而來的壓力卻更大，工作、人際、社會、家庭等壓力，往往逼得人們喘不過氣。適當的壓力是進步的動力，然而，長期處於高壓下，對身體與心理健康都會產生很大的影響。爲了釋放壓力，各種按摩紓壓、芳香療法、療癒系小物、慢活旅遊等名目應運而生；也有醫院增設「放鬆」門診，引導人們轉換心情，放鬆身心，再次充滿能量面對生活挑戰。

美國《時代》雜誌報導，美國每天有超過一千萬人透過靜坐來放鬆、紓壓，其他放鬆方式還包括：運動、聽音樂、健身、繪畫、瑜伽、氣功等。在這麼多種紓壓放鬆的方法裡，「禪修」成了當代「顯學」，爲全世界共同研修的課題。無論是西方或東方醫學界、運動界、教育界、文學界、藝術界……，都從古老的禪修方法重新取經，而工商企業界更是將禪修運用在職場上，鼓勵員工們以此鍛鍊身心。彷佛，工作與生活有了「禪」字，就擁有了安頓身心的安心帖。

覺察身體放鬆禪

現代人都太會「忍」了，忽略身體透露的訊息，就像吹氣球一樣，一定要等到「爆掉」了，才發現自己的身體眞的太緊、太累了。覺察身體的感覺，是放鬆的第一步。人們往往對身體發出的訊息不知不覺，例如牙齒緊扣、肩膀不自覺拱起、眼睛瞇起、胃悶脹氣，或不定時偏頭痛，睡覺時緊握雙拳……。這些身體現象，正透露著我們處於「緊張」、「壓力」下。

放鬆其實是「本能」，因爲人們都不喜歡「不舒服」的感覺；「放掉」不舒服的感覺就是放鬆，覺察自己哪裡感到不舒服就「放掉」，慢慢地就會「鬆」了。

透過禪法，我們可以一步步觀察自己緊繃的情況，然後一層層鬆開身心壓力。

「心」是放鬆的關鍵，心的放鬆就是放下；身的放下就是放鬆。放鬆是以身爲用，以心爲體。身與心是一體的，身體的反應其實透露出心的訊息，壓力是源於內心對外在環境與自我價值的反應。

以禪調適身心壓力的過程，其實便是內在的自我探索之旅。從紓解壓力到增加自我覺察，並了解與接納自己的特質，探索自己的人生意義，進而穿越表象，欣賞、感謝與享受生命的豐足，便是禪的智慧人生。

凡事用心不用力

聖嚴法師常形容，一個身心放鬆的人是「無事人」，但「無事人」絕非凡事漫不經心，事不關己；而是認眞處理當下每一件事，處理完了也就放下，心中沒

三世諸
波羅蜜多
多羅三藐
故知般若波
是大神咒是
咒是無上咒是
等咒能除一切
實不虛故說般
波羅蜜多咒即說
揭諦揭諦波

（李東陽　攝）

有任何罣礙。如何把心放鬆？如聖嚴法師所說：「好事不強求，壞事不拒絕。一切現象的發生必有其原因，要平心靜氣地接受它、處理它、完成它，這就容易放鬆了。」

以禪法學會放鬆身心，能讓我們隨時保持身心安定。禪修，不只是放鬆的方法，更是生命的智慧，現代人需要的不只是養生、練氣或心理治療，而是一套足以安身立命的生命智慧和處世哲學。一個眞正身心放鬆的人，對於人生價值已了然於心，做起事來用心卻不用力，就如同大慧宗杲禪師所說的「省力處便是得力處」。當我們放鬆得力時，便可省無限力，但省力處卻可得無限力，做起事來得心應手，心也將更自在。

Question

02

什麼是禪？

禪，是梵語禪那（dhyāna）的略稱，中文譯為「靜慮」或「定」，是以靜止的心做思惟，為佛教的重要修持方法。禪宗，即因以禪為主而得名。

禪宗重視智慧的妙用

雖然「禪」字語源來自印度，佛教的禪修方法也源自印度，由佛教教主釋迦牟尼佛所教授。但是中國禪宗的禪與印度的禪定，有層次上的不同。中國禪宗的禪，是破除煩惱後的智慧。智慧是無限的，它不能用任何語文或形式來詮釋，卻能產生無窮的妙用；印度的禪那是指禪定，是一種修定的工夫。

（王傳宏　攝）

開發智慧仍需要禪定工夫

中國禪宗的禪與印度的禪定，雖然層次不同，關係卻非常密切。如果沒有禪定的修持基礎，無法達到中國禪所體證的悟境。雖然有少數人未修持禪定便直接頓悟，但大多數人必須從禪定的工夫開始修持，有了基礎以後，不要貪著禪定的寂靜妙樂，才能進一步進入智慧的領域，即中國禪宗所謂禪的目的。因此，中國禪不僅只是禪定，如果不能擺脫禪定的享受，便無法進入智慧的領域，也不能稱爲中國禪。

但是禪不應該只限於「禪定」或「禪宗」，它是佛與佛法的核心。因此禪的傳承，不只是表面的方法傳授而已，而是心法的印證，心法是佛與佛法的核心。

爲什麼要禪修？

打坐的功能有三項：第一是達到身心平衡，第二是達到精神穩定，第三是達到智慧及慈悲的開發。

一、**身心平衡**

就是身體平衡和心理平衡，這就是身心健康。如果一個人的身體強壯像水牛，心理脆弱像老鼠，就不能說健康。

二、**精神穩定**

精神不是心理，也不是生理，但是與身心有關，它會產生無形的功能，會從有形的行爲表現出來。

三、智慧及慈悲的開發

如果有了身心統一，以及自己和宇宙統一的經驗，精神就能統一。如果把精神和身心的執著超越了，就能開發出智慧與慈悲。智慧不是知識，也不是學問，而是絕對的決斷力。

Question 04

禪修與靜坐、冥想有何不同？

禪修在國內外都非常流行，除了佛教寺院教人打坐修禪外，坊間還有很多禪修中心、靜坐中心，參加者非常眾多。但是一般人不太清楚禪修與靜坐、冥想有何分別，表面上看起來都是靜坐不動，以為都差不多，其實是不一樣的。

靜坐能調整身心健康

靜坐與禪修是不相同的，靜坐的方式僅僅能使身體有個安定的姿勢，讓心有個較為安定寧靜的狀態而已，不像禪修著重於開發心的智慧。但即使只是靜坐，對身體健康也有幫助，因為靜坐時全身放鬆，血液、氣脈暢通，所以身體會感到舒適。除此之外，靜坐、禪修都具有安心功能，讓人能調伏煩躁不安的心，對心理健康的助益很大。

（張繼高　攝）

禪坐能轉煩惱為智慧

一般人以爲冥想就是思考，透過冥想思考問題，可以得到天啓而開智慧。其實冥想不是思考，思考是集中精神去想一特定的事物，冥想則讓自己的頭腦完全放鬆，處於寧靜、空靈的狀態。冥想看似與禪坐相像，但是禪坐與冥想的目的與方法皆不同。

禪修本身分成兩個層次，一個是靜坐、冥想的層次，另一個是禪修的層次。我們透過靜坐、冥想、禪修，同樣都可以達到讓心寧靜無雜念的功能，但是靜坐、冥想無法斷除煩惱，靜坐時雖然感到安定無煩惱，但是回到生活的人事問題，因執著自我中心，仍舊煩惱不已。要開發眞正的生命智慧，必須禪修。因爲禪法即心法，禪修重視鍊心的方法，能轉煩惱爲智慧，從自我肯定、自我成長到消融自我，慢慢建立正確的人生觀，禪觀由自我到無我，解開煩惱，自在無礙。

Question

05

禪坐可以治百病嗎？

很多人學禪坐是想要治療身體病症，或是期待得到佛菩薩的加持，就能不藥而癒。其實，這樣的觀念是不正確的。

禪坐能讓身心平衡

禪坐的方法能集中注意力，將散亂的心，收到方法上，減輕身體及精神上的壓迫感，感到放鬆舒適，所以有調節功能。特別是現代很多疾病都是長期身心不調所致，禪修可以幫助人調整這些情況，紓緩心理與身體的不適感。

有的人以爲禪坐後身體病症獲得改善，是因有佛菩薩保佑，以爲禪坐可以治百病。其實這是因爲禪坐時身心安定和諧，讓身體容易調整不適，並不是神力加持的緣故。

生病就醫不耽誤

生病一定要就醫，尤其是急性病，千萬不能拖延，以為禪坐可以治病就不請醫師看診，這樣反而會耽誤病情。千萬不要本末倒置，若是延誤黃金的治療時間，可就後悔莫及了。

Question

06

為何禪修可放鬆與安定身心？

如何做到真正的身心自在？必須要懂得放鬆，有的人在觀念上可以做到輕鬆自在，一旦面臨到問題的時候，雖然頭腦裡知道要放鬆、要冷靜，才能臨危不亂，卻沒有辦法自在。放鬆，並非用頭腦要求自己就能做到，需要透過方法來練習，禪修正是一種好方法。

禪修可以達到兩個目的：一是學會放鬆身心，二是隨時都能安定身心。放鬆身心與安定身心其實是一體的兩面，只要能放鬆就能夠安定，能夠安定就會放鬆。但是，首先要練習的是放鬆，安定可以說是放鬆的結果。

心不隨境轉

禪修的觀念與方法，可以讓我們放鬆與安定身心。禪修的觀念告訴我們身心是無常的，環境也是無常的，變好、變壞都是正常的現象，無法抗拒和逃避，應該「面對它、接受它、處理它、放下它」。有了這樣的觀念後，種種難受、不安的心理狀態可以暫時得到平衡，但是要保持安定力還是需要練習禪修方法，才能做到心不隨境轉，隨遇而安。

調和身心，自由自在

當身體放鬆後，身心便是調和的，心裡不會與自己或別人產生衝突，身體也不會有負擔感，能體驗到身心和環境是統一的，到處都能自由自在。能夠放鬆身心，煩惱必然減少，壓力、負擔也才得以減輕，心智才會明朗。練會了身心放鬆，注意力自然集中，身體的機能也得到平衡，心情才能夠寧靜。

（李東陽　攝）

修行一定要打坐嗎？

禪宗有一句口頭禪：「開悟不靠腿，說法不在嘴。」可見得開悟不僅僅靠打坐，眞正的弘法也不僅用嘴說。

打坐是修行禪定的最好姿勢

印度的各種宗教多半會用打坐做爲修行的方法，因爲他們認爲，打坐是修行禪定的最好姿勢。中國原來沒有用打坐修練身心的方法，它是隨著佛教從印度傳來的。

打坐有三種用途：一是靜坐，能使身心安寧；二是修定，能使心念統一；三是禪悟修行的基本坐姿。因此，打坐並非佛教所獨有；佛教的修行者，則常會採

然而中國的禪宗，重於悟而不重於定。禪宗以為擔柴挑水是禪，吃飯睡覺即定，是重於精神的寧靜不動，而不執著肉體的枯坐守寂。

禪宗重視禪的智慧

禪定的定境通於凡聖，所以有印度人，認為男女性交，也是禪定，因也有心意集中，淫樂遍身，類似定心的現象。由此可知，印度對於定的意義非常廣泛，與中國禪宗的本旨，全然不同。

因此，禪定未必就是禪宗，世界各宗教的神祕效驗，雖從禪定的工夫而來，但不論是用持咒、祈禱、禮拜、誦經，所得結果多是禪定的作用，與禪宗的即定即慧，定慧等持是不同的。禪宗不主張神通，重視的是禪的智慧。

什麼是開悟？

禪修的目的是開悟，開悟的功能是爲祛除自己的煩惱，救濟衆生的苦難。如果有人自以爲開悟，或者被認爲開悟，但是開悟的功能不彰，即表示假悟，而非眞悟。

放下自我執著，無我智慧現前

禪宗所講的開悟見性，是放下自我的所有執著，也就是無我的智慧現前，就能見到一切法，體會因緣有而自性空的眞理。那要如何才能產生開悟的智慧呢？必須學會放下自我。當自我減少時，煩惱也會隨著減少，開始顯現智慧。

如何放下自我呢？最好的方式爲學習發心、發願，發起願意學佛成佛的心，即是「發菩提心」。發起爲眾生無私奉獻的願，自能發願成佛悟道。

如同〈四弘誓願〉所發的四個願：「眾生無邊誓願度，煩惱無盡誓願斷，法門無量誓願學，佛道無上誓願成。」

雖然只有最後一個願，提到開悟成佛，前面幾個願似乎無關開悟，實則不然。第一個願是度眾生，是指把眾生的福祉先於自己，念念不忘利益眾生。人們通常都先想到自己，但自私的心所得有限，如果以無私的心幫助別人，反而所得到更多，因爲眾生會追隨與支持你的努力。當你幫助眾生的時候，也等於幫助了自己。

當你的念頭與行爲都是爲了幫助他人時，第二個斷煩惱的願，便會自然發生，因爲你不再以自我爲中心，所以不會爲自我的成敗得失起煩惱。第三個精通

（李東陽　攝）

所有法門的願，則能讓你以佛法幫助別人。

雖然第四個願是成佛，但不應該把成佛視爲一個追求的目標，應是在度衆生、斷煩惱、知佛法後，便自然出現的最高境界，也就是圓滿的佛境。禪修的動機，應該是要度衆生，並且斷煩惱，而非去追求什麼最高境界，發願與行願的過程本身就是目標，因爲當你的自我減少的時候，菩提心便會自然顯現。這樣做的時候，也即是在度衆生了。因爲你的所作所爲都是爲了他人，每一個你遇見的人都能因你而得到利益，這就是慈悲。

沒有菩提心，不可能開悟

沒有生起菩提心，要想開悟是不可能的。開悟不像珠寶，不是能掌握或擁有的東西。如果有人堅持自己已經開悟，到達佛教最高的神聖境界，其實那只是自我中心的表現，那是執著於幻覺，會成爲修行的障礙，因爲自我執著仍舊頑固存在。開悟能顯現智慧，明心見性，是因爲煩惱與自我消失了，在那一刻，所有的問題與疑惑全都解開了。

許多修行者只專注在開悟上，而忽略了聽聞佛法、研讀佛法、修持禪坐，以及在日常生活中修行佛法。他們想繞過事前的準備工夫，馬上明心顯智慧，這表示對禪的了解還不夠。

因此，禪修時不要一直想著自己是否開悟了，只要好好修行，時間一到，便會水到渠成，自然顯現。

2

禪修原來如此

禪修可以看書自學，不請禪修老師指導嗎？

禪修不宜看書自學，以免盲修瞎練，身心發生問題而不自知。禪修是有次第方法的，不適合在沒有任何基礎的情況下自己嘗試摸索。禪修不只是靜坐，靜坐比較簡單，只要姿勢坐對了，心中不想其他雜事，心平氣和，隨著呼吸自然起伏即可，這是一般人可以自行做到的。

禪修必須有老師指導

然而禪修必須要有老師指導，因爲禪修不只是身體的靜坐，還需要具有正確的觀念調心、調身。如果禪修時雜念不斷，或昏沉打瞌睡，甚至產生幻覺時，就要老師用觀念及方法來導正了。假如是看書自學，沒有老師在一旁糾正身心的反應，可能會用錯方法，愈學愈亂。因此，禪修一定要有老師指導，而且要慎重選

（王傳宏　攝）

擇老師。

禪宗非常重視代代的傳承系統、法脈，即表示老師很重要，他必須知道幫助弟子禪修的方法、系統與歷程。在禪宗來說，一個明師的條件，第一是他修學正信的佛教，能正確認識佛法，相信因果、因緣。第二是他具有禪法修行的內證體驗，當弟子在修行過中遇到種種困難，能做出正確指導。

不能隨便拜師學打坐

很多人剛開始學禪，既不知道如何入門，也不知道如何找老師。尋找老師要找正信佛教的良師，才能遵循正確的方式禪修，才能身心健康平安。要先了解老師的背景，千萬不可人云亦云，隨便拜師學打坐。萬一這位老師的修行不夠，觀念不正確，方法不純正，反而會將學生帶入岔路。

許多正信的道場都設有初級禪修課程，建議沒有任何禪修基礎而想入門的人可以報名參加，例如法鼓山體系有專爲禪修入門者開設「初級禪訓班」，由道場提供良好的環境與道具，再由經驗豐富的法師教導正確的禪修觀念及方法，親身體驗禪修的好處後，慢慢就能找到適合自己的方法了。

Question 11

禪修爲何需要使用方法？

我們的心平常都習慣向外看，只要看到好看的、聽到好聽的、聞到好聞的，心馬上就被吸引住。因此，我們的心常常都是浮動不安的。用功打坐能將心中的妄想雜念沉澱下來，一心一意地用方法。

用方法收心

什麼是方法呢？就是能使我們身心放鬆、安定，妄念漸漸減少的禪法。什麼是妄念呢？就是胡思亂想或雜念。例如：不願想的事，偏偏在想；不希望出現的念頭，卻不聽使喚地出現；念頭混亂不統一，這就是妄想。要達到沒有妄想雜念確實不易，因此必須使用方法。

（李東陽　攝）

讓心寄託於方法上

初學禪者可試著用方法，先注意鼻孔呼吸的出入，然後從一到十，數呼吸的出入。如此用方法，心才有所寄託，雜念才會愈來愈少。禪修的方法，能幫助我們把心收回來，把注意力放在方法上，持續地練習，身心就能獲得平靜、安定，自然有更清楚的智慧面對生活中的問題。

Question

12

禪坐爲何要從體驗呼吸開始？

禪修的方法很多，首先要學「體驗呼吸」。爲什麼要「體驗呼吸」？因爲心情和呼吸是息息相關的。氣息和順舒暢，心境才能平靜安穩。心情與呼吸的關係極爲密切，要想調心，必先從調息入手。不論是中國的道家、印度的瑜伽、西藏的密宗、中國的天台宗等，提到修行禪定的次第，必定重視呼吸與氣的問題。因爲人體生理的動靜以及心理的動靜，與呼吸的氣和息，有著依存關係。

就原則的定義而言，「呼吸」，是指普通人每分鐘十六到十八次的出入息。修行者的呼吸在漸漸地緩慢深長微細之時，稱爲「息」。由於息的力量，推動血液製造能源，由能源產生賦活生理機能的作用，稱爲「氣」。當修行者感受到由氣所產生的作用時，稱爲「覺受」，有了覺受經驗的人，便會覺得坐禪對於他們，

（王傳宏　攝）

確是人生的一大幸福和恩惠了。

此外，體驗呼吸具有三大優點：

1. 人人都能用：呼吸人人都有。

2. 隨時都能用：呼吸是連續不斷的，所以我們可以不斷地把心放在呼吸上。

3. 易學易用：呼吸很容易體會。

體驗呼吸的方法

每個人都有呼吸，但是因爲我們的心總是一直往外奔馳，所以很少覺察自己是怎麼呼吸的。體驗呼吸，就是把我們的心收回來，貼在呼吸上。感覺有呼吸，知道自己有呼吸，享受呼吸的感覺，體驗自然、順暢的呼吸就可以了。

體驗呼吸的方法很簡單，坐定之後，慢慢把心收回來，輕鬆地體驗呼吸在鼻端的出入，享受呼吸的自然，享受呼吸的舒服。如果有念頭，沒關係，放下它，不斷不斷地回到呼吸上。

體驗呼吸的要領

1. **自然呼吸**：與平常一樣保持自然呼吸就好，不要刻意去控制呼吸的快慢或深淺。

2. **不計較分析**：只要很單純地知道呼吸在鼻孔進和出的感覺，知道呼出的氣是溫暖的，吸進來的氣是清涼的。不要去想吸進來的氣跑到身體的哪個部位，或是分析空氣的好壞。

3. **每一次呼吸都是新的開始**：每一次呼吸都是新鮮的，都是一個新的經驗，都是重新開始的一個生命。要體認到生命是不斷地開始，不斷地前進，而不是原地踏步，才不會枯燥無聊。只要將體驗呼吸培養成興趣，妄念就會減少，心就會安定下來。

Question

13

如何選擇適合的禪修方法？

禪修的方法大致有四種：

一、**隨息、數息**

隨息有隨鼻息及隨腹息：隨鼻息只注重呼吸從鼻孔出入的感覺，不注意呼吸的長短深淺，也不注意其他的東西；隨腹息是注意小腹隨著呼吸的自然蠕動，不控制呼吸，也不用心念指揮小腹蠕動。但是，隨鼻息及隨腹息，不能兩者並用，只能專注其中一種。

數息則是數鼻孔呼吸的出入，可以數出，也可以數入。通常是數出息，因爲常人的出息慢而入息快。如何數法呢？出息一次，數一個數目，從一數到十，再從頭數起。入息時，只注意出息的那個數目是什麼。如果妄想還是很多，也可以倒過來數，從十數到一，或者二十數到二。但是，十數到一是一個個的數，二十數到二，是一個隔一個的數，甚至於雙數及單數交錯著用，第一次數二十、十八……二，第二次數十九、十七……一，因爲忙著數數，妄念自然減少。有些人數到三、四、五、六就數忘掉了，也有人可能數過了頭，這都不要緊的。數忘或者數錯時，趕快回頭，不要有成敗得失心，這就是修行。

二、念佛、數佛號

有些人不習慣用數息法，數呼吸時變成控制呼吸。因此造成頭部發脹、胸部悶、身體疲累、肌肉緊張，非常痛苦。這時候，就教自己用念佛的方法，念「南無阿彌陀佛」或「南無觀世音菩薩」都可以；念一句聖號，數一個數目，例如「南無阿彌陀佛一、南無阿彌陀佛二……」，從第一個數目數到第十個數目，再從一數起，不要數得不夠或過了頭，數錯了則不必介意，只要從頭數起就好，也不要配合呼吸。數得太慢會打妄想，數得太快會使呼吸急促。

三、參話頭、參公案

「話頭」是一句話，這句話本身沒有意義，而只是問這個沒有意義的話頭是什麼？「公案」是禪宗史上的祖師們及其弟子們，發生酬對情況的故事；這些故事，看來有些豈有此理地不合一般的情理。「參」是不斷地問話頭、問公案，究竟那句話代表著什麼？公案主角的內心到底發生了什麼經驗？

參話頭是追問一句毫無意義的話，譬如說：「無」是什麼？什麼是「無」？參公案是追究這個故事的底蘊是什麼，就像曾經有人問趙州從諗禪師：「狗子是否有佛性？」趙州禪師回答：「無！」而佛在《大般涅槃經》中說：「一切衆生皆有佛性」，何獨趙州要說狗子無佛性？因此，這個公案便成了沒有答案的話題。不論是參話頭或者參公案，本身是沒有意義的，那只是一種使禪修者開悟的方法。

（鄧博仁　攝）

話頭有四個層次：念話頭、數話頭、問話頭、參話頭。念話頭如同念佛號，數話頭就像數佛號，問話頭就像問問題，參話頭則必須等疑情出現。在情緒不穩定或心念混亂時，不如念佛號、數佛號，也可以念話頭、數話頭，直到心情平靜時再問話頭、參話頭。

四、只管打坐、默照禪

只管打坐是全心專注於身體在「坐」，坐的姿勢、坐的感覺，心中不做其他的妄想，只曉得是在端坐。若發現妄念時，趕快把念頭回到「坐」，慢慢地妄念便愈來愈少，甚至不再出現，身體的感覺也漸漸消失；但是，心中明明朗朗地知道還在打坐。這時候，開始產生默照的工夫，「默」是心緒不動，「照」是非常清楚；清楚什麼？清楚心中沒有雜念、沒有妄想，時間久了，妄念從此不起，而只是「默照」和「寂照」了。練習只管打坐的方法時，要不斷地注意自己的姿勢，因爲是在用功，不是坐著休息。除了知道正在打坐外，不應有其他的念頭，不能懈怠放逸，必須勇猛精進。

以上的方法都非常有用，不要想哪一種方法是最好的，正適合你用的，就是最好的方法。由於數息法最簡單易學，通常初學者都是由此入手，待方法運用自如後，才改用其他方法。初學者不宜經常改用方法，如此會每一種方法都沒用熟，結果每一種方法都無法產生用處，能夠一門深入是最好的。不要這炷香念佛，下炷香數息，再下炷香參話頭或只管打坐，像孩子玩玩具一樣，這個玩厭了再換一個。經常換方法的本身，其實就是徒勞無功的妄想雜念。

Question 14

如何安排禪修課程？

想要禪修者，如何安排適合自己的禪修課程活動呢？很多寺院會爲不同程度的禪修者，規畫從數小時到數日的不同類型禪修活動，讓人可以按照自己的修行程度，循序漸進安排最適合的心靈淨化旅程。

入門與基礎課程

如果還不曾接觸過禪修活動，可由初級禪訓班做爲入手處。例如法鼓山的初級禪訓班，共計八小時，分四堂課教授。由法師授課，有系統地介紹禪修的功能、心態、基本觀念、禪坐坐姿、打坐用具、打坐方法、八式動禪、走路禪、臥禪、禪修的生活應用等等，提供完整的禪修入門認識；同等級的課程，還有兩天的禪訓密集班，以及在寺院過夜的初級禪訓二日營。

此外，法鼓山也提供忙碌的現代人，另一種體驗禪法的課程，可以利用兩小時到數天的時間，參加禪修指引、戶外禪、Fun鬆一日禪、遇見心自己、輕鬆學禪、禪悅營（初級禪訓二日營及一天戶外禪）等不同活動，以輕鬆的方式體驗禪的美好。

初級禪訓班結業以後，還可以參加禪一、舒活二日營、禪坐共修，練習初級禪訓班所教的方法；或是報名中級禪訓班，更深入了解禪修方法與觀念。若想要從事較長時間的禪修，可以先參加精進禪二，規則及作息與禪七相同，是參加禪七的先修班。

進階課程

完成禪修的入門與基礎課程者，如果希望更精進禪修，可從初階禪七開始，參加七天以上的禪修。參加過初階與中階禪七，且對於禪修方法嫻熟者，可參加高階的默照、話頭禪七或七天以上的禪修，此種禪修不僅要求非常嚴格，禪坐的時間也更長，適合有心精進修行者。

Question 15

打坐應具備什麼心態嗎？

禪修本是讓人身心安定的修行方法，但是有些人學禪後，卻未能達到安定、淨化效果，主要原因就在於觀念與心態不正確。

建立正確的禪坐心態

所謂心態不正確，是指心有所求或心有所懼，追求不正當的目的。例如有的人以爲學禪可以青春永駐或得到神通，便以追求身心反應爲修行目的，自然容易發生問題。

禪宗教人禪坐，絕對不執著於身心反應，是以開發智慧爲目的，又稱「明心見性」。把煩惱心變成智慧心，即是「明心」；見到清淨的佛性，即是「見性」。

（釋常眞　攝）

禪宗教禪，是要人踏踏實實地做人，在生活中運用禪法讓自己身安心安，並長養智慧與慈悲。

放下身心世界

打坐的基本心態，必須將自己的身心世界，以及身心以外的世界，全部放下。

1. **不管身心反應：**打坐時不要想到與自己有關的人或事，不管是打坐前發生的事、打坐後將發生的事，甚至是性命交關的事。身體無論痛、痠、癢、麻，一概不管。

2. **不管外在環境：**天塌下來不管，房子失火了不管，洪水沖上來不管，刀子砍上頸項不管。要有這樣的心理準備，外面不管、身上不管，打坐才能坐得好。

打坐時，要全心全意、實實在在面對自己，心中不要想事情，也不要管自己究竟在做什麼，一次一次地練習，久而久之，方法自然熟能生巧。

Question

16

禪修有哪些基本工？

日常生活中，我們最關心的不外乎是「吃得好、睡得著」，而這又與我們的身心狀況息息相關，所以禪修也將「調飲食、調睡眠、調呼吸、調身、調心」稱爲「調五事」，也就是只要將這五項基本工練好，一定能如大珠慧海禪師說的「飢來吃飯睏來眠」。如果這五件事做得好，不僅能擁有健康的良好習慣，等進入正式的禪修，身心的調整會更快，讓自己更快用上方法。

一、調飲食

每個人每天都要吃飯，所以「調五事」第一項就是調飲食。現代人因經濟環境改善了，所以常常飲食過量，甚至有人愛美、減肥而節食。另外，就是飲食不規律，除了常吃零食、外加消夜，透過吃東西解除焦慮。這些看似無關緊

（張繼高　攝）

要的習慣都導致飲食不均衡，長期累積下來，一定會影響健康。我們要建立健康與良好的飲食習慣，以清淡、適量、營養均衡爲原則。如果要參加禪修活動，記得不要吃太刺激的食物，例如濃茶、咖啡、辛辣食物等，以免影響打坐的身心。

二、調睡眠

誰不會睡覺？可是要一夜好眠、睡好覺對一些人來說，並不是很容易。許多人受失眠、多夢之苦，能好好睡覺是一件很幸福的事。如果睡得好，心情好，神清氣爽，對健康也好；相反地，睡不好，精神欠佳，脾氣暴躁，容易看事不順眼，精神壓力大，久而久之身體也不會好，禪坐也容易昏沉。

睡眠首先要充足，尤其許多夜貓族，常常熬夜不睡覺，精神不濟。但睡覺一定要睡很久嗎？其實最重要的是睡眠的品質。睡覺時，盡可能採右脇臥的姿勢，這樣不會壓迫到心與胃，幫助頭腦、身體放鬆，就能睡得安穩；在緊張的情緒下睡覺，一定會胡亂做夢，不是眞正的休息。睡覺前告訴自己將頭腦中的事暫時放下，沒做完的事不要擔心，擔心也沒有用，還是先好好睡覺。

三、調身

調身是做劇烈運動、要補充營養品、吃中藥調理嗎？其實禪修說的調身，可分動和靜兩方面，動的方面可以做柔和運動，如走路、散步，不要太劇烈；靜的方面可以用靜坐，只要姿勢正確，身體會漸漸放鬆。在行住坐臥中，無論走路、站立、平躺，試著輕鬆、自然、安定，不要慌慌張張；身體放鬆不是放逸偷懶，頭腦必須是非常清醒的，只要做到心不混亂，就是禪的基礎。

四、調息

爲什麼呼吸也要調？調息就是調呼吸，呼吸雖然一進一出，很容易，但要保持自然平穩地呼吸，不要控制呼吸，而是享受呼吸。當呼吸喘或亂時，我們可以感受到身體是緊的，也會影響我們的頭腦判斷、情緒起伏。呼吸很重要，像運動員都會特別訓練呼吸，配合運動節奏，讓呼吸保持平順，才能發揮實力、耐久力。

打坐時，呼吸更與身體的姿勢有關，如果身體是彎曲、扭曲的，呼吸一定不順暢；神經和肌肉在緊張的狀態中，呼吸也一定不自然。所以我們在日常生活中，隨時要保持正確的姿勢，無論是行、坐、立、臥，都保持自然、舒暢，所謂「坐有坐樣、站有站樣」，其實是很有道理的。

五、調心

無論做什麼都與心情有關，心情安定與否，和我們的飲食、睡眠、身體、呼吸都有密切的關聯，如果調整得很好，心情自然愉快平穩，盡量保持「平常心」。而禪修就是在幫助我們調心，不受外在環境影響而情緒波動，每天好心情。

禪修的調心目的是，進一步用方法把虛妄心、汙染心變成眞心、清淨心。所以，在日常生活中，先從調飲食、睡眠、身體和呼吸做起，再配合禪修的方法，如打坐、參話頭、默照等，循序漸進地修行，將會發現自己的心改變了，生活也大不同。

Question

17

禪修要採用什麼坐姿？

正統的坐禪姿勢稱爲七支坐法，包括：

一、雙足跏坐

即是盤雙腿，此有二式：

1. 如意吉祥坐：左腳在下，右腳置於左大腿上，再將左腳置於右大腿上。

2. 不動金剛坐：右腳在下，左腳置於右大腿上，再將右腳置於左大腿上。

這兩種坐法，年長與初學者很難做到，如無法雙盤，可改爲單盤的半跏坐，將一隻腳置於另一邊的大腿上即可。左腳在右小腿下或右腳在左小腿下均可。

對於無法雙盤及單盤的人，開始時還可以採用更簡易的坐法。如：

1. **交腳坐**：即散盤，兩腳均置於地，向內、向後收，兩腳掌向上，置於兩腿之下。

2. **跨鶴坐**：即雙膝跪下的坐姿，將軟墊置於髖下，如騎在鶴背上，兩腳的大拇指上下交疊，臀部坐落在髖下的墊子上。

3. **天神坐**：左腳坐如半跏式，曲向內，置於身前；另一腳曲向外，置於身後側。南傳佛教徒席地聞法時多用此式，坐禪時的初步坐法也用此式。

4. **如意自在坐**：此式為模仿菩薩八相成道，自兜率天下降人間之前的坐姿，左腳坐如半跏式，曲向內，腳跟置於會陰前，右腳垂立、曲膝置於右胸前，左右兩手平覆分置於左右兩膝，或合抱於垂立的膝蓋。

5. **正襟危坐**：以上各種坐法，均為席地而坐，此式則坐於與膝同高的椅子上或板凳上，兩腳平放於地，兩小腿垂直，兩膝間容一拳的距離，背不可倚靠任何東西，僅臀部坐實，大腿宜懸空，與小腿成一直角。

（張繼高　攝）

以上各種坐法，僅坐姿及手姿略有不同，其他仍採用七支坐法規定的標準。功效最大最快且能經久穩固的坐姿，仍是最難的跏趺坐。因此，初學者即使無法雙盤，至少要多加練習單盤或散盤。

二、背脊豎直

腿盤好之後，挺起腰幹，勿挺胸部，頭頂天垂直，下顎內收，頷壓喉結。

三、手結法界定印

兩手圈結，右手在下，左手在上，兩拇指輕輕相接結成圓圈形，輕輕平置於丹田下的胯部腿上。

四、放鬆兩肩

將兩肩肌肉放鬆，自覺如無肩無臂無手的狀態。

五、舌尖微舐上顎

舌尖舐在門牙上齦的唾腺處，不可用力，若有口水則緩緩嚥下肚去。

六、閉口

無論何時，只用鼻息，不可張口呼吸，除非有鼻病。

七、眼睛微張

閉八分開二分，視線投置於身前二、三尺處的地上的一點，不是要看什麼，只因睜大了眼睛，心易散亂；閉起了眼睛，則易昏沉。如果睜眼過久覺得疲勞，不妨閉上一會兒。

Question

18

爲何盤坐禪修後，身體會變暖和？

雙腿盤坐的人，在打坐一段時間後，會感覺身體逐漸暖和起來，非常舒適。

身體三圓

這是因爲盤坐時，身體具備了三個圓形：頭是圓的，兩隻手結法界定印是一個圓，雙腳盤起來也是一個圓，即是所謂的「三圓」。

從中醫理論來說，人體內有「氣」在運行。可是人體長條形的構造與直立的姿勢，卻很容易讓氣從手腳發散出去，造成身體能量的流失。而盤坐的打坐姿勢，恰可彌補這個缺點。

（施建昌　攝）

當雙手結法界定印，兩拇指相接成圓形，可以讓雙手的暖氣彼此交結，氣流相貫，不會外流。而盤起來的雙腿，同樣有利雙腳氣的對流，節省身體能源的消耗，加速氣的循環，增強抵抗力。打坐一段時間後，身體會發熱，就是這個緣故。

打坐的時候，要氣往下沉，使身體的重量感落在下盤，好像大樹向下扎根一樣，把下盤紮穩。如果禪坐以頭部為重心，會使頭腦脹痛、發熱；以胸部為中心，會引起胸悶、胃塞的反應。只有把重量感放在臀部與坐墊之間，才不會有任何副作用產生，能夠持久穩定。

禪坐以雙盤最佳

盤坐因為重心最低，支撐面最大，姿勢對稱，所以坐起來最為穩固。禪坐具備三圓，氣的循環最好，最容易讓身心放鬆安定。

因此打坐時，最好能採取盤坐的方式，雙盤最佳，如果不行，至少單盤或散盤，眞有困難才使用其他的輔助坐法。

Question 19

禪坐前為何要暖身，禪坐後為何要按摩身體？

禪坐在坐前和坐後，都需要運動與按摩做輔助。因為我們的身心若要健康，必須動與靜並重兼顧。運動及按摩是為使血液循環通暢、氣脈運行活潑、肌肉和神經鬆弛，才能使身體舒適，即所謂氣和而後心平。

暖身運動

若身體缺少運動，生理機能便易於老化和感染病痛，運動使生理機能，由緊張而鬆弛，能夠得到更多的營養補給及休息的機會。禪者的運動，講求心念集中，氣息和順。禪修者的運動本身，就是修行禪定的方法之一。所以調身的方法，是要運動與打坐並重的。早上起床後，未活動前勿打坐，應先做一套簡易的暖身運動，讓筋骨鬆軟後再打坐。

全身按摩

打坐結束，起坐出定前，心要先動，告訴自己要起坐了，身體跟著慢慢搖動，雙手合掌，雙手放在膝蓋上，將身體做較大幅度的搖動，把每一個關節都搖動後，才將腿放開，然後做全身按摩。

按摩的順序是先搓熱兩掌，用拇指背輕輕按摩雙眼眼眶，並用搓熱的手掌心敷壓眼球；再用雙掌按摩臉部、額頭、後頸、兩耳、雙肩、兩臂、手背、胸部、腹部、背部、腰部，尤其是兩臂腋下多淋巴結處、後腰腎部及命門，多多按摩有益健康。接下來按摩右邊大腿、膝蓋、小腿，左邊大腿、膝蓋、小腿，最後輕柔轉動雙足腳踝。

做完全身按摩後，才可以起立行走，否則可能引起視線失衡，或心臟劇烈跳動等狀況，甚至發生突然暈倒的危險。

（張晴　攝）

現代人很流行找人按摩消除疲勞，其實自己的氣是最好依靠自己打通。自我按摩的運動法，可使初學坐禪而感到的疲勞，完全消除，身心感到柔和溫暖與舒暢。按摩時，要將注意力集中於掌心或指頭。整套按摩約十五分鐘可做完，如做得簡單些，則約三、五分鐘即可做完。除了打坐之外，平常感覺疲累、睏倦時，都可做做全身的按摩，對消除疲勞很有功效。

Question

20 禪坐要準備什麼道具？

禪坐所需的用具不多，主要爲：

一、**蒲團**

蒲團的材質多種，外型也有圓型、方型，可視自己的需要做選擇。蒲團的功能爲墊高臀部，以讓脊椎保持挺直，禪坐時不會昏沉。假如蒲團的高度不夠，可多墊一個，或將毛巾放在蒲團下墊高。如果在家禪坐沒有蒲團，可以枕頭或沙發墊暫代。

二、**坐墊**

禪坐如果直接坐在堅硬的地面上，膝蓋和小腿容易疼痛，所以需要鋪坐墊。

（江思賢　攝）

坐墊並可幫助隔絕地面濕氣而受寒。坐墊的材質多種，外型也有圓型、方型，可自由選擇。如果在家禪坐沒有坐墊，可以地毯或毛毯代替。有的人覺得夏天坐蒲團太熱，喜歡直接靠牆而坐，或是坐在冰涼的地上，如此雖然能得一時清涼，卻容易受寒，並會造成氣脈不通暢，建議要使用蒲團與坐墊做輔助道具為宜。此外，切勿坐在彈簧床上禪坐，以免造成脊椎彎曲。

三、毛巾

禪修時，要用毛巾蓋住兩腿，保護膝蓋與胯骨，目的是爲避免風寒，以免產生痠痛。如果天氣寒冷，還可另加一條毛巾，覆蓋肩膀與背部以禦寒。夏天天氣炎熱，可不蓋毛巾，但是要穿長褲，以免著涼受寒，產生痠痛。

此外，禪修的穿著要寬鬆舒適，材質吸汗透氣，不要繫腰帶，讓身體沒有壓力負擔。女衆禪坐時，建議不要束胸，以保持呼吸順暢。至於冬天爲保暖，是否能穿襪子、戴帽子、披圍巾，可就個人情況做調整。如有需要添加衣物，以寬鬆無束縛感爲宜，以便安心禪修。

Question 21

什麼時段與環境適合禪坐？

腦筋清楚、體力充沛的時候，是最適合打坐的情況。禪坐每次至少十五至二十分鐘，如能坐到半小時至一、兩小時更佳。

如在早上禪坐，起床梳洗過後，可以先喝溫開水，但先不要用早餐，因為飽腹狀態不宜禪坐，在做完暖身運動後，即可開始禪坐。如在晚上禪坐，洗完澡與睡前可各坐一次。最好用過晚餐，休息半小時至一小時，洗過澡後放鬆身體，再進行禪坐。

但要留意的是，禪坐前只適合洗澡，不適合泡澡，因為泡澡會加快心跳與血液循環，大量血液擴張到血管，會減少心臟與腦部的血液，身體差者容易頭暈目

（張繼高　攝）

眩，禪坐時不容易把心安定，效果不佳。睡前一小時，可再次禪坐，禪坐後做完運動便可就寢。

每日定時禪坐

打坐最好能每日定時，在固定的時間打坐，坐固定長的時間，若不定時，便不能養成習慣，不易調身。每日最好能固定打坐二小時，時段可全集中於清晨或晚間均可，或早晚各一小時，但一養成習慣，最好不要更動。

如果因工作無法固定打坐時間，可選一天當中身體精神狀況最佳、最合適的時間用功，但一樣最好能固定時段。

適合禪坐的環境

初學者選擇打坐的環境，最好具備下面幾個條件：

1. 空間安靜：初學者最好不要在吵雜處禪修，要選擇在打坐時段內安靜，能不受人、聲干擾的空間。

2. 空氣流通：空氣要流通，但不要坐在風口，或對門窗而坐，因爲打坐時毛細孔會張開，容易受風寒。

3. 光線充足、柔和：不可面對陽光或燈光直射而坐，也不要坐在漆黑處，光線不足易昏沉、易起幻境，光線過強則易散亂。一個人的房間，使用約二十五燭光的燈泡、日光燈即可。

4. 溫濕適中：適合打坐的室溫約二十五度，不可對著或背著火爐、冷暖氣機、電風扇而坐。身體四周溫度宜平均，不要在潮濕處打坐，以免產生病痛。

5. 坐處平穩：沙發椅、彈簧床、籐椅都不適合打坐，且坐時背部不能倚靠任何物體，如果背部有疾患，可靠軟背墊，但不宜倚靠硬板壁，否則會因血液氣脈運行受到阻礙，久則成疾。

6. 環境整潔：要注意用功環境與生活環境的整潔，學禪者應注意日常生活的規律，讓環境能井然有序，隨時隨地保持身心安定。

打坐的環境，即是禪修者的修行道場，要善加維護與珍惜這一方禪修淨土。

Question

22

什麼狀況下不適合禪坐？

是否適合禪坐，要看身心當下的實際情況。例如用餐吃太飽，做完馬拉松、打球一類劇烈運動，剛結束性行爲，剛與人吵過架，全身疲憊或生重病，皆不宜勉強禪坐。

子時和午時的時段

此外，以前有一說法：子、午二個時段不宜打坐，子時即深夜十一點至一點、午時即中午十一點至一點，最好休息不要禪坐。然而現代人的生活習慣與以前的人不同，如果眞的只有子、午二個時段才有時間打坐，只要坐的時間不久，是無妨的。

應該睡覺就睡覺

有些剛開始禪修的人，會要求自己每天都要保持固定打坐的習慣，以培養恆心。即使有時因加班熬夜或生病，昏沉欲睡，也勉強自己不能中斷。建議這時候應該睡覺就睡覺，不要勉強。與其硬撐，用不上方法調身、調心，不如放鬆身心好好休息，待恢復體力，神色清爽後再繼續用功，禪法反而用得更得心應手。

Question

23

夏天禪坐可否吹電扇或冷氣？

如果溫度尚能接受，通常在室溫內禪坐最佳，但是如果室內太過悶熱，空氣不夠流通，可以吹電扇或冷氣。

但是因爲禪坐時，全身的毛孔是張開的，吹風容易受寒生病，所以電扇要對著牆壁吹，不要直接對著頭部或身體吹。如果是開冷氣，雙腿務必要覆蓋毛巾，並留意頭部、肩頸、背部是否會因吹風著涼，避免直接對著風口吹。

（張繼高　攝）

Question

24

在家禪修時，可以放輕音樂幫助放鬆嗎？

輕音樂看似有助於鬆弛緊張的身心，其實反而難安定身心。禪坐是爲收心、攝心，音樂則會讓人心神外放，貪著於外境，無法反觀自己的內心情況。因此，建議即使是在家禪修，也不要播放輕音樂。

有的人喜歡在禪坐時，播放輕音樂，是因爲剛好位近吵雜的馬路邊，或是家人看電視、交談的音量過大，希望能轉移自己的注意力，讓心不被噪音干擾。這時與其播放輕音樂，不如讓心單純回到禪法上，無論聽到任何聲音，都只專心在方法上，當心安定了，漸漸便不受外在聲音影響。

Question

25

禪修時可以講話嗎？

在道場禪坐共修時，會要求大眾禁語不說話的原因，主要爲：一、把握難得的修行機會，不散心雜話，專心用功。二、病從口入，禍從口出，禁語不僅謹言惜語，且能用佛法自行向內消除煩惱，不必向外訴苦，既不困擾他人，自己也能安心自在。

減少思緒波動，專注方法

禁語不交談、不打招呼，節省精神氣力，少了閒話與麻煩，減少思緒波動，讓人專注於禪修的方法上，清楚自己的身心狀況，更加認識自我。禁語不只是不與外人交談，也不在內心喃喃自語，清清楚楚地用方法。身心安定了，禪法自然用得更得力。

（鄧博仁　攝）

不被電話打斷方法

在家禪修時，如與家人同住，最好能先告知家人，禪坐期間不講話也不接電話，如有事情，可在下坐後討論。如果未保持禁語，禪坐時被電話打斷，要再提起方法，會比較難保持安定。

Question

26

打坐時可否戴眼鏡或隱形眼鏡？

禪坐時，隨身用品與飾品最好取下，如眼鏡、手表、耳環、項鍊等，只要會讓皮膚產生壓力的，都要取下。由於打坐時，眼睛是放鬆不用力的，不需要眼鏡輔助視力，所以原則上不戴眼鏡，以讓身體能完全放鬆，沒有壓迫感。

但是如果不戴眼鏡，會造成走路困擾，或是產生不安全感，反而無法安心禪修，則可以戴著眼鏡。至於隱形眼鏡，因不影響禪坐，可以不取下。

（王傳宏　攝）

Question

27

如何進行每日的打坐修行？

初學者每日可維持十五至二十分鐘的固定禪坐習慣，讓身心慢慢習慣做禪修定課。禪坐時，最重要的放鬆心情，並具有正確的心態、正確的方法。

無論是在使用方法前或使用方法時，都要放鬆心情。放鬆看似簡單，但許多人其實不知道如何放鬆，或是太過努力想要放鬆，結果反而變得更加緊張，也有的人是過於放鬆，以致陷入昏沉或散亂。這兩種過於緊張與放逸的情況，都是錯誤的極端，需要調整正確的心態。

正確的心態

什麼是正確的心態？即鼓舞自己，每天用在禪修上的時間是最享受、最舒

（張繼高　攝）

服、最愉快的時間。由於我們每天的禪坐時間不多，所以安排用來修行的時間是很寶貴的。如果具有這種態度，就不會懷疑每日花時間打坐值不值得。

不妨誠實地問問自己，是把每日禪坐當成責任義務，還是覺得很享受？如果不能享受打坐，將很難維持穩定的長期修行。如果覺得禪修很辛苦，還無法樂在其中，可以先試著培養享受的態度。

在打坐前，提醒自己對即將要做的事感覺非常喜悅，讓身心融入這種喜悅中。打坐的時刻，是最無憂無慮的時刻，不像其他時刻要擔憂許多事務，打坐是身心擺脫負擔的時刻，讓自己有機會放下一切，是一種解脫。

正確的方法

禪坐時，要先確定自己的姿勢正確，坐正之後，便要忘掉身體，因爲如果一直擔心身體情況，就不能放鬆。然後自己的心要自由自在，接著觀察心往哪裡去，但是不要跟著念頭而去，因那是讓念頭控制了你。但如果跟著念頭去了，也不要爲此對自己生氣。一旦覺察到自己跟隨散亂的念頭，這些念頭通常會自行離散。接著便可以練習使用禪修的方法。

每日的禪坐，都是一段美好的時光，要好好把握與珍惜。

Question

28

生活中禪修有何原則？

在日常生活中運用禪法，可以把握幾個簡單的原則：

一、放鬆身心

首先要「放鬆身心」。緊張的心，不容易禪悅自在。修行者的心情要輕鬆，身體不能緊張，隨時保持輕鬆愉快的狀態。

例如工作時要專心投入，但不需緊張，用輕鬆愉快的態度來做就好。雖然目標是完成工作，但在過程中，我們可以欣賞自己工作的態度，欣賞工作時的愉快。如果發現忙得起了煩惱，就注意呼吸從鼻孔出入的感覺，享受呼吸，體驗呼吸，漸漸就會心平氣和。

人與人之間互動，難免會有不如意或摩擦，只要用欣賞的態度來接受與面對，就不會煩惱。也就是我們的心不受對方影響，不受環境中的人、事影響。如何才能不受影響呢？只要放鬆身心，就不會受影響；能夠欣賞發生的事，也不會受影響。

二、**身心合一**

其次，要練習「身心合一」。身體在哪裡，心就在哪裡；身體在做什麼，心就在做什麼。例如掃地，手在動，心也要專心在掃地，心裡沒有其他雜念，非常清楚、輕鬆、愉快。

做事之前，要先做計畫，完成計畫後，做的時候就不必用頭腦思考。有些習慣性的動作，我們做時雖不用思考，但往往在腦子裡胡思亂想其他的事。例如刷牙，是不是都一邊刷牙，一邊想東想西？因此，不管做任何事，都要練習把心放在那件事情上面，清清楚楚知道自己在做什麼，讓身體的動作和心的念頭，經常保持在合一的狀態。

三、心口一致

「心口一致」的練習也很重要。說話時，不可口中說一件事，心裡卻想其他事。要練習說一句話就是這一句話，說什麼事，就是什麼事，很清楚地知道自己在說什麼。如果正在講這一句話，結果心裡在想剛才講的第一句、第二句話，這就是在胡思亂想，沒有活在當下。

在講話以前，要先考慮清楚該說些什麼，不能隨便脫口而出，會變成胡說八道，不是心口一致。所謂心口一致，說話的人一定知道自己要講什麼，表達出來以後也是清清楚楚的，這是修行人對自己身體的動作、語言的行為，都了解得清清楚楚，如此就不會做錯事、說錯話了。

（釋果見　攝）

四、四它

生活中遇到危急的情況時，如何安心呢？可以運用「四它」的方法——面對它，接受它，處理它，放下它，就是禪的工夫在生活中的運用，也是即定即慧的禪修態度。

當遇到困擾而感到不安，這時候要「面對它」。一旦面對這些狀況，內心的不安自然就會消失。如果避開不了這些不如意的狀況，就「接受它」，然後「處理它」，該怎麼處理就怎麼處理。最後，不管是否已經處理了，或暫時處理不了，還是永遠無法解決，都一定要「放下它」，不要再有罣礙。

如果能夠隨時運用四它，不論處在什麼情況，我們的心都能隨意自在。

3

放鬆有方法

Question

29

放鬆爲何是禪修基礎，如何練習？

放鬆，是禪修必備的條件，不管用哪一種方法，都離不開放鬆。能夠放鬆，身心才能安定；身心安定，注意力才能集中，禪修的方法也才用得好。

放鬆身，放鬆心

要進入修行，只需做兩件事：放鬆身，放鬆心。首先，確定身體的各個部位都完全放鬆、自在。其次，放鬆態度和心情；要確定你的心情是自在的，這種放鬆是成功修行的基礎。

人人都想放鬆，但到底身體的緊繃與放鬆是什麼樣的感覺呢？可以試著握緊雙手，一直用力，感覺手部肌肉都拉緊了，然後瞬間將手鬆開；會感受到有一股

（王傳宏　攝）

力量不見了，身體肌肉也隨之鬆弛下來。或是試著將雙肩往上提，用力上提直到無法再往上；然後瞬間放掉肩膀的力量，是不是有種分外輕鬆的感覺？這是身體「緊」與「鬆」的體驗。

禪坐前放鬆全身的每個部位

清楚身體的鬆與緊之後，可以練習禪坐前的放鬆步驟。放鬆身體的部位，通常都是由上往下，選擇一個舒服的坐姿後，先從頭部開始。確定頭部的每個部位都放鬆了，再放鬆眼球、放鬆臉部肌肉，繼續往下放鬆頸部、肩膀、手臂、手掌、手指，確定都放鬆了。接著放鬆胸部、小腹、背部、腰部、臀部，最後放鬆大腿、小腿、腳掌、腳趾。

清楚知道自己放鬆，或提示自己放鬆，本身就是一種禪修方法，在日常生活裡，也可以運用。

Question

30

禪坐時頭痛怎麼辦？

禪修時要放鬆頭腦，所謂放鬆就是不用頭腦思考，讓頭腦得到休息，就不容易頭痛。如果有妄念或胡思亂想，可以把眼睛微微張開。

不要用頭腦想方法

當禪坐時感到頭痛，或產生頭脹、頭熱、頭暈的情況時，可能有兩個原因：第一是用頭腦在想，想數息的數目。因此，用方法時，不要用頭腦去想，而是只要知道自己是在數數目就好。

第二是因爲重心點放在頭部，氣往上湧，所以會頭脹、頭暈、頭熱、頭痛。這時候，應該把全身的重量感移到下盤。所謂的下盤是指三個部位：小腹、臀部

（李蓉生　攝）

和墊子之間、腳掌心。

轉移注意點

在平常情況裡，頭痛時，只要注意小腹就可以得到改善，如果感覺到小腹有一點發熱、氣脹、氣動時，則把重心感移放到臀部和墊子之間，如果感覺頭脹、胸悶嚴重時，再把注意點放在腳掌心，就能調整與紓解頭部的不適感。

Question

31

禪坐腿痛，該不該放腿？

初學禪者如果眞的還不能適應腿痛，則腿痛就放腿，或改換其他坐姿，不要太過勉強。將心力放在所使用的方法上，以調心爲主。

腿痛是打坐必經過程

打坐時腿痛是正常的，是每個學打坐之人的必經過程。打坐能鍊身，是由於鍊心的緣故。鍊心又必須克服身體障礙，所以會要求坐姿的正確度，尤其要以最大的堅韌力來接受身體的痛、痠、麻、癢反應。

痛至極點，轉痛為涼

腿痛的時候，要放鬆神經，由它痛，隨它痛。如果眞的痛到無法用方法時，

（李蓉生　攝）

就注意痛點，漸漸地痛感就會消失。結果，痛至極點，不是轉痛為涼，便是由於心念專注而失去了痛的感受，此時會感覺通體舒暢，充滿了喜悅。

因此，如果覺得腿痛得受不了，而馬上把腿放開，就永遠感受不到腿不痛的快樂。如果想體會那種清涼的境界，就必須先超越肉體上最大的痛楚。

Question

32

爲何禪坐會全身痠、麻、癢，彷彿螞蟻爬上身？

初學者剛開始禪坐，發生痠、麻、癢，身體猶如有螞蟻在爬，卻又不能伸手抓癢，會覺得很難受。有的人可能會擔心，皮膚發癢，身體又痠又麻，是不是生病該看醫生。

產生身體反應是正常的現象

痠、麻、癢都是正常的現象，不用太過擔心。

痠的情況，大部分都是位於腰部或關節，起坐以後，只要用手按摩幾下，就會恢復。禪坐要用大毛巾蓋住兩腿，就是爲了避免風寒，以免產生痠痛。

（李蓉生　攝）

麻的現象，通常都產生在腿部，有兩種麻法：一種是站起來時，覺得兩條腿不是自己的，只要甩甩腿，慢慢地走幾步就好了；另一種是麻痹，腿上有一塊皮膚捏著時，好像不是自己的，不要緊張，過一段時間自然會好。

癢的現象，大致上有兩種：一種是皮膚癢，這是體內有濁氣或油垢，經過皮膚毛孔排出時，會感覺到癢；另一種是骨頭癢，這是經絡的氣脈不順，才會發生。打坐時因調整氣脈的運行，產生了癢的感覺時，最好不去管它。

心安在方法上

因此，處理身體的痠、麻、癢，基本態度爲：

1. 不擔心害怕：痠、麻、癢都是正常的現象，不用緊張。

2. 不管它：打坐時，身體會有不舒服的感覺，最好的辦法是不管它。如果眞的很難受，可以輕輕動一下，但是動作不能太大，不能時常移動身體，以免心裡不安，影響禪坐。

3. 心安在方法上：隨時練習著把心放在方法上，不管身體的感覺。方法是指正在使用的禪修方法，如：放鬆身體、放鬆頭部、數呼吸或數數念佛。當方法能用上力，就不會被身體不舒服的感覺擾亂。

只要掌握這三大要領面對身體反應，禪坐就能安身、安心。

Question

33 一打坐就想睡覺怎麼辦？

打坐時想睡覺，是一種昏沉的現象，通常為兩個原因：一是缺氧，一是疲累。

若是缺氧，常是因為坐姿不正，當把腰挺直，頭、頸與脊椎成一直線，收下巴，放鬆小腹，調整好了，呼吸自然暢通，便會清醒過來。

瞪大眼睛，平視前方

若因體能一時補充不及而引起的疲累昏沉，依情況輕重，可用下述方法對治：輕昏沉時，瞪大眼睛，平視前方，不眨眼直到淚出為止；或把注意力集中在眉心（鼻樑上端、雙眉之間），觀想它放光發亮，昏沉也會慢慢消失。

若是頭腦因為血液不上升而糊塗，便轉轉頭、低低頭、搖搖頭；或是跪在墊子、地板上，因雙膝直接觸到硬地面，促進血液循環向上，產生新能源，昏沉便會減輕、消失。

讓頭腦完全休息

如果重昏沉已經到了頭疼的地步，便把身子坐直坐正，先暫停使用方法，讓頭腦完全休息，放任它一片空白。大約五到十分鐘後，體力便會恢復，可再繼續用方法。

通常產生昏沉現象，表示沒有眞正的放鬆。如果完全放鬆，而且覺知自己的身體只是坐在那裡，就不易昏沉。之所以會昏沉，不是沒有放鬆，而是因爲沒有適當使用方法，甚至是已經放棄方法，只是坐著休息而不修行。打坐時，要留意這種形式的休息，可能導致懶散和懈怠。

Question

34

打坐不能閉眼嗎？

禪坐時，原則上雙眼宜開二分閉八分，眼皮下垂，頭腦、眼球放鬆不用力，不要用眼睛注視任何景物，保持視而不見的態度。

初學者可先閉眼幫助收心

但是，初學禪者如果閉上眼睛比較容易攝心、安心，可以閉目而坐，待能安定時，便張開二分，以四十五度斜角的視線，置於座前二或三尺處，那裡的環境顏色和形式宜單一柔和，否則容易分心而產生幻影，然後便不再注意視線。如果產生昏沉或有幻境，可把雙眼張開，甚至盡量張大，昏幻立即消失。

留意不要昏睡

由於初學者雖然閉眼較不受外境影響禪修，但是久坐之後，可能容易陷入昏睡而不自覺，不容易保持清楚的狀態，因此建議在熟悉禪修方法後，雙眼還是宜開二分閉八分。如此，不但可以減少昏沉，也可以少見幻覺、幻境。

（李蓉生　攝）

Question

35

禪坐可以彎腰駝背嗎？

禪坐時要放鬆，要自然，但不表示就可以彎腰駝背。當你彎腰駝背，就容易陷入昏沉，離開方法了。所以要時時提醒自己保持正確的姿勢，這樣才能調心、調身與調息。

彎腰駝背會缺氧昏沉

為什麼禪坐時彎腰駝背，會讓人昏沉呢？這是因為如果上半身姿勢不直，呼吸會受到障礙，造成呼吸量不夠而缺氧，一缺氧就會讓人頭昏欲睡了。這也是為什麼打坐的時候，會被要求姿勢要正確、背要打直。甚至頭部也不能低頭、仰頭，因為都會造成缺氧而昏沉。

（許朝益　攝）

身體的姿勢不正確，會造成呼吸困難，呼吸出問題，連帶著你的頭腦會變得不清楚，這時你可能會覺得頭腦裡沒有雜念、沒有妄想，好像很舒服，其實是因昏沉而一片空白。

挺直背氣脈暢通

因此，不管坐椅子也好，坐蒲團也好，從臀部的尾椎骨到後腦勺，都要與地面保持垂直，這是最健康的一種坐法，能夠幫助調息。調息的同時就是在調身，因爲呼吸舒暢，身體氣脈自然也會暢通。當氣脈暢通時，即使你不挺直背，也會有一股氣自動讓你挺直。因此，禪坐時不要貪一時舒適，而彎腰駝背。

Question

36

只要打坐，身體就不由自主亂動怎麼辦？

當禪修的注意力很集中時，會產生種種的身心反應，反應產生之後，要注意的不是自己的身心反應，而是注意方法。心不要放在反應上，便會恢復穩定，由反應產生的問題自然解決。

氣動是自然現象

每個人身上都有氣、脈，氣在脈中，氣隨脈走，氣如果阻塞了，血液循環就不正常。打坐的時候，循環系統會有正常的調整，氣也會跟著調整。如果曾有身體傷害或病痛，打坐時就容易引起全身性的反應，最難過的反應在頭、胸部的疼痛、脹悶，有的人身體還會不由自主亂動，這種現象稱爲「氣動」。

（李蓉生　攝）

氣動又分爲兩種：一種是不規則地動，另一種是規則地動。不規則地動是每次打坐時就會出現，但是動的部位、動的方式不固定，有時手抖，有時腿跳，有時頭搖。規則地動是每次打坐都在固定的一個部位，發生動的現象。

打坐時的氣動，是自然現象。如果身體有病，不論是先天或後天的原因，由於打坐姿勢正確，使肌肉及神經放得很鬆，便會氣脈流通；當氣脈流遍全身，經過不健康或堅硬的部位時，便會產生痛、痳、痠、癢、移動、跳動等的反應，這表示氣機正在打通身體有問題的地方，這是好現象。

不執著於氣動

處理氣動的最好方法就是「不管它」，讓它動，只要氣通過了就沒事了。但如果你注意它，並且試著指揮它，便成了道家所修的導引。從禪的立場來看，那些現象都沒離開身體的氣動、脈動，而仍執著於身體的反應。

Question

37

無法專心禪坐，心散亂得亂七八糟怎麼辦？

禪修過程中，最難克服的兩樣事，即是昏沉和散亂。

暫時不用方法

如果非常散亂，暫時把頭腦和身體放鬆，不用方法，休息一下。

散亂的原因也有很多種類，通常：一、不會用方法。二、方法用累了。身體並沒有疲倦，可是對那個方法已厭倦。三、懶散，因爲不覺得有煩惱，並且很舒服。就讓雜念頭一個接一個地幻起幻滅。

對治方法是「不怕念起，只愁覺遲」。如在發覺散亂時，那已離開了散亂，

（張繼高　攝）

立即回到方法去，便是正念分明。不用擔心散亂，提起方法來就好。

觀、照、提三字訣

「觀」、「照」、「提」三字訣，可以對治昏沉與散亂。

1. 觀：是正在用方法。
2. 照：是知道自己正在用方法。
3. 提：是發覺自己失去了方法時，趕快再把方法提起來。

當用「觀」的工夫時，同時也要不離「照」的工夫；「觀」如走路，「照」如知道自己正在走著正路，沒有失去正確方向；「提」如不小心停下了腳步（昏沉），或者走錯了叉路迷失了方向（散亂），發覺之時，立即修正方向，走上正路。

不論用何種方法，均可運用觀、照、提三字訣用方法。

Question

38

打坐一定要結手印嗎？

有些初學者會不太適應雙腿盤坐結手印的坐姿，會覺得結手印有束縛感，如果能將雙掌自然放在膝蓋上，不是更放鬆嗎？

法界定印安定身心

禪坐所結的手印，稱爲「法界定印」，這是大日如來入定的智印。方法爲兩手圈結，右手在下，左手在上，兩拇指相接成圓形，輕輕平置於丹田下的髖部。禪坐會要求結手印，主要爲讓雙手的暖氣彼此交結，氣流相貫不外流，不但心裡容易感到安定，身體也會愈坐愈健康。

（王傳宏　攝）

保持覺察力

如果夏天太過炎熱，結手印會一直發熱出汗，可以暫將雙掌放在膝蓋上休息，但之後還是要持續結手印，因爲結手印不只有益健康，還可以看出心是否能專注清楚用方法，通常如果陷入昏沉裡，手印就會自然鬆開。

在禪堂共修時，指導禪修的法師，往往從禪坐者鬆開的雙掌，便知他已不在方法上，可能昏睡入夢了。

Question

39

禪坐無法盤腿怎麼辦？

禪修並不限於盤腿打坐，只不過雙腿盤坐的姿勢會讓身心比較穩定，因此會先把姿勢坐正、坐穩了，然後再用正確的方法禪修。姿勢雖然重要，不能盤腿還是可以禪修，不一定要坐著。

禪坐的坐姿多種可選擇

有的人或因受傷生病，或是身型較胖，或是身體僵硬，或是一盤腿就疼痛難耐，所以無法盤腿。禪坐的坐姿有很多種，如果不能盤腿，可以改爲散盤，或是跨鶴坐、天神坐。由於盤坐的坐姿重心穩定，比較容易久坐，如果眞的不能盤腿，建議優先使用散盤。但是坐姿一樣要保持背脊挺直，坐久之後，待慢慢放鬆腿部筋骨，也許就能單盤或雙盤。

（釋常襄　攝）

躺臥在床也可以用方法

另外，也可以坐在椅子上，採用正襟危坐來調身心。如果因生病，這樣坐法不舒適，也可以靠在椅背上，如果連靠坐也不方便時，躺在床鋪上，也是可以用方法的，比如用數息法。如果久坐或躺臥時間太長，覺得身體不舒服，不妨試試經行，經行就是像散步一樣地慢慢走，在經行的過程中也可以用方法。

禪修並不限於打坐，在日常生活裡，無論吃飯、睡覺或做事，都專心一意，心不散亂，也是禪修。

Question

40

用數息法數呼吸，無法輕鬆呼吸怎麼辦？

初學禪者如果不習慣數呼吸，可用念佛數佛號的方法。

方法為念一句「南無阿彌陀佛」就數一個數字，「南無阿彌陀佛一」、「南無阿彌陀佛二」……，和數呼吸一樣，也是由一數到十後，再從一開始，也可以改念其他佛菩薩聖號，但是不要貪多而念得太快，並且不要同時念許多不同的佛菩薩聖號，主要還是調心要緊。

眞的覺得數息很困難，甚至數得呼吸都不會了，這才改數數念佛；若數息法沒問題，數息最好，因為計數念佛的方法，較不易覺察妄念；數息則一有妄念，便很快發現。

（江思賢　攝）

Question

41 打坐久了會不會有蘿蔔腿？

有些愛美的女性會擔心長時間禪坐，腿會變成蘿蔔腿而不敢學打坐，其實是完全不必要擔心的。

日本的傳統女性生活起居，習慣跪坐，由於長期將臀部壓在小腿上，導致小腿血液循環不順暢，久而久之就變成蘿蔔腿。如果又從事粗重的農務，小腿會更粗壯有力。

禪坐的功能之一，便是能放鬆身體，促進血液循環，讓氣血暢通，因此腿部線條會更優美不浮腫。再加上禪坐前後，都會全身按摩與運動，因此長期禪坐，人會看起來更容光煥發好氣色。

（鄧博仁　攝）

4

安心好禪修

Question

42 禪坐一直想到男（女）朋友怎麼辦？

戀愛中的人，一日不見，如隔三秋，思念是正常的事，但是在禪坐時，便會成為一種困擾。明明希望自己能專心禪坐，也清楚心中所見的是虛幻的，但就是無法調整自己的心，將情人眞的視為妄念。

妄念所產生的問題有兩種：一種是愈想趕走念頭，反而生起更多的妄想，讓人心亂如麻，另一種是當發現妄念時，已經太遲，完全無法力挽狂瀾。

不要理會妄念

第一種現象就如你在吃甜品時，被一大群蒼蠅圍繞。如果你一直用手揮趕蒼蠅，只是耗費力氣，無法吃完甜品，牠們散開一下，又會重新聚集。最好的處理

（鄧博仁　攝）

方法是不要理會蒼蠅，只要專心吃完甜品，蒼蠅就會自動散去。

放鬆心情，回到方法

第二種現象就如騎馬時打瞌睡，馬兒在你失去覺察的情況下，偏離道路到處蹓躂。由於你的精神疲勞、體力虛弱，無法意識到心緒早已散亂，當回過神來發現，可能已過了一段時間。但是不要因此而心煩意亂，因爲自責與焦急只會引起更多雜念，不如放鬆心情，回到所用的禪修方法就好。

當我們的心靜下來時，不只會想到情人、家人，這些關係親近的人，可能連早已遺忘的童年玩伴與鄰居，都會浮現腦海。無論心中想到了誰，只要發現離開了禪修方法，再次回到方法就好，不要讓妄念干擾了你。

Question

43

打坐爲何總是不停打妄念？

妄念多是因爲我們的心習慣處在緊的狀態、動的狀態，也就是一直在用腦，所以只要一靜下來打坐，就會念頭滿天飛，趕也趕不走。

覺察妄念的存在

禪修時有妄念出現，這是正常的，只要發覺妄念，並不跟著妄念走，就可以了。當你發現妄念時，表示你已經知道妄念的存在，這是因爲你的心安定下來了，才會看到自己有那麼多妄念。所以，在妄念生起時，不必討厭它，只要立即回到方法上就好，妄念會自然消失。不必在乎妄念，重新開始才最重要。

（李東陽　攝）

重新開始最重要

所謂重新開始，是指每次從發覺妄念後又回到方法上；因爲剛才的妄念已消失，現在的妄念未出現，正是一個重新開始的機會。所以每一個「現在」，都是一個新開始。好像登山者正在通過峻險的懸崖峭壁，不得瞻前顧後，否則，便會於現在造成腳底失控的結果。一旦失足落空，只要手上還握有已釘妥的繩索，馬上沿索再回到落腳之處，繼續向上攀登。

對治妄念要步步爲營，步步都是一個重新開始。

打坐時看到佛菩薩怎麼辦？

如果在禪坐時，看到阿彌陀佛、觀音菩薩等諸佛菩薩出現，通常都不是眞有諸佛菩薩現前，而是內心妄念的反應，或是遇到外來的諸魔干擾，讓你不能安心禪修。

此時，如不保持正念，隨著幻覺進入佛國淨土，或是依著指示行動，就很有可能變成靈媒或是乩童。

不貪著好的，不恐懼壞的

禪修的人如遇到靈體附身或異象出現時，要懂得處理，不貪著好的狀況，也不恐懼可怕的景象，便可安心自在，不受干擾。禪修過程中，身心有所反應，皆屬正常，不用擔心。我們學禪即是為了調心，讓心寧靜、和諧與安定，使情緒不易波動。如有佛、菩薩、神鬼、精靈等，在面前出現，在耳邊說話，甚至帶你進出佛國淨土、天堂地獄等境域，均屬幻境，應當不予理會，只要見怪不怪，必可平安無事。

魔來魔斬，佛來佛斬

禪宗說：「魔來魔斬，佛來佛斬。」所謂的「斬」，就是用智慧之劍來勘破戳穿任何異象，不論是好壞的情況，凡有異於常情的現象發生，都要把自己當成一個絕緣體，便可不受任何異象的干擾。

初學禪的人既然沒有辦法判斷異常經驗的是真是假，就一律視為是假是幻，比較安心妥當。對於禪修中的任何反應、任何感應，都要以平常心，當成平常現象和幻覺幻境處理，才是最健康、最安全的禪修觀念。

Question

45

禪修會不會像練武功走火入魔？

只要依佛所教的觀念和方法，禪修就不會走火入魔。通常會發生問題，是因爲貪圖便宜、執著反應、企求感應。在修行的過程中，身心多少都會產生反應，只要把它當作幻境、幻相、幻覺來看，就很安全。如果覺得自己有神通，你表演神通或依賴神通，那就會帶來大麻煩，眞的走火入魔了。

不要管身體的反應

任何人因打坐而身體發生問題時，如果基本的坐姿及所用的方法沒有問題，都不要管它。很多人所謂因打坐參禪而走火入魔，實際上是身體的問題。只要有身體就會有感覺，所以有舒服、不舒服，有疲倦、不疲倦。身體如機器、如車子，要養護，要加油，否則就會發生問題。

（釋常襄　攝）

所以，修行初入門，先要調身，其次才是調心；若不先調身，難免會出狀況，當身體疲倦時、有病時，是不能打坐的。而調心是最重要的，心若不穩定，身體再好，也坐不久的。

踏踏實實做人

禪修者最忌諱的是迷戀神通，那會導致各種魔境的產生，喪失努力的自信而依賴神力的迷信，帶來走火入魔的危機。這與禪者的自我肯定、自我提昇、自我消融的修行，是背道而馳了。

很多人學禪以爲身體有反應、心理有反應，就是成果，覺得很有成就感，沾沾自喜。如果執著身心反應，覺得那是成績，是修練的目的，那就可能走火入魔，帶來大麻煩。

禪，其實很簡單，就是不要走近路，要踏踏實實、實實在在地做一個人，誠誠懇懇地做一個人，這就是健康正確的禪法，能使人健全自我，奉獻自我，更進一步達到超越自我的境界。

Question

46

禪修觀空，最後會不會頭腦空空變傻了？

有些人以為禪坐就是什麼都不想，坐到頭腦空無一物；以為禪法觀空，就是什麼都不要，空到一無所有。因此擔心學禪觀空，最後會變成頭腦空空的傻瓜，或是變成行為舉止奇怪的怪人。

禪的智慧是空

學禪會讓人開啓智慧，生活得更自在快樂，絕不會變成傻瓜或怪人。會有這樣的疑惑，是因誤解了「空」的意義。「觀空」就是知道一切均為因緣所生，萬物沒有永恆不變的。例如禪修觀察我們的身心，會知道身和心是因緣的臨時組合，為暫時現象，沒有永遠青春的人，也沒有不會死亡的人。體驗「無常」是事實，就能認知自我和自我的身心世界是空的，即是「無我」。

放下煩惱得自在

人只要能領悟世間所有的一切現象都是無常，立即便得解脫，對於人生成敗得失能夠看得開，就不會有那麼多的放不下了。現象既是無常，遇到好事，不必歡喜；相反地，如果發生倒楣的事，知道是無常，很快就會過去，也就不必苦惱，否極泰來，正好又有一番新氣象了。

因此，禪修觀空並不是讓自己變成一個無知的人，反而會成爲智慧不起煩惱的智者。

（張繼高　攝）

Question

47

心煩沒定性的人可以禪坐嗎？

心浮氣躁是現代社會人們的通病，因爲禪坐可以幫助內心平靜，撫平煩躁不安的情緒，所以容易心煩意亂的人正適合學禪坐。

禪坐能安心

心煩沒定性的原因有很多，例如睡不好導致火氣大；長期積累一些壓力與情緒，接近崩潰邊緣……。面對種種浮躁不安，禪坐可以讓人心安定，培養人的穩定性和安定性。

煩亂不定的心，就好像水面上的波紋，想把水波吹平，結果反而愈吹波紋愈多。反之，如果置之不理，波紋終究會消失，水面也就平靜了。所以禪坐教導我們以「不理它」的態度去面對煩躁的心。我們禪坐時，讓情緒與念頭自然出現，不必評斷它的是非對錯，它會自然消失不見。

拜佛懺悔心柔軟

另外，拜佛懺悔也是能夠安定身心的妙法。參加禪坐共修時，如果心浮氣躁到坐不住時，通常會下坐拜佛，直到身心恢復安定再上坐。這個方法也可以用於平常禪修調心。拜佛懺悔的方法爲，一句佛號拜一下，或是單純感受自己拜佛時的柔軟與安定。如此拜佛累了就禪坐，禪坐心煩就拜佛，慢慢地邊拜佛邊禪坐，日子久了，人就能心平氣和，不再心煩浮躁。

（鄧博仁　攝）

Question

48

年紀大了，學禪為時已晚嗎？

很多老人家看到周遭的人都在學禪修，身體狀況有所改善，心裡變得安定，也躍躍欲試想要禪修。但是又擔心自己年紀大，這時學禪修還來得及嗎？

其實不用太擔心，禪修只要願意開始，永遠都不嫌晚。而且有可能因為年紀較長，心性較為穩定，禪修能更精進。例如佛陀的弟子大迦葉是禪宗的初祖，出家時已經是老了；另一位在家大修行者給孤獨長者，接觸到佛陀的教誨時，也已經是老了，所以年紀不會成為問題。

只要有心，永遠不嫌晚

在佛陀涅槃之前，年逾八十的須跋陀羅，心裡明白自己和佛陀的時間都不多了，但他還是想見佛。佛陀的弟子想把他打發走，便說：「你已經這麼老了，開示對你有什麼用呢？佛陀的時間寶貴，不該浪費在像你這樣的人身上。」

佛陀聽到後，就要弟子讓須跋陀羅進來，說：「就是因爲他年紀這麼大了，所以更該聽聞眞理。」須跋陀羅於是與衆人一起聽佛陀開示，只聽了幾句就悟道了。他是佛陀在世時所度化的最後一個人。

老人更容易專注於修行

由此可知，老人學禪悟道，說不定領悟力更勝年輕人。如果一個人想要修行，不管年紀多少，都應該立刻認眞修行，年長的人更爲急切，因爲可以修行的時間少很多。雖然老人因年老力衰，禪修的體力比較弱，不像年輕人的體力、耐力、精力比較好，但是老人的安定力、專注力會比年輕人佳。

年輕人容易受外在環境的許多事物吸引，企圖心強，而分散精力，難以專心修行。老年人則比較穩定，比較容易專心一意於修行。

（鄧博仁　攝）

Question

49

沒有時間打坐如何禪修？

每個人一天都只有二十四小時，有的人嫌時間永遠不夠用，有的人卻能利用時間，處理許多事情，重點就在於如何有效運用時間。現代人很忙，正因爲忙，更需要利用空閒的時間打坐。打坐、念佛不會浪費時間，反而可以提高工作效率與判斷力，冷靜客觀處理事。

忙人時間最多

通常我們忙的時候都會很累，累的時候就會覺得很煩，其實能夠忙也是一種幸福。或許有人會認爲，忙人的時間一定很少，其實忙人的時間是比較多的，因爲他會珍惜時間，充分運用與分配時間，做他應該做而且想要做的事。

禪修除了讓心平安之外，還能提高工作效率。禪修最基本的方法是「放鬆」和「專心」。通常在專心的時候，頭腦和身體都是很緊張的，所以當工作一段時間以後，便會感覺疲累而需要休息。如果用禪修的方法來工作，會因身心放鬆，反而容易專注，因此做事效率更好。

行住坐臥皆可禪修

禪修不單只是打坐，禪修的方法和態度就是專注活在當下。禪的智慧，是要運用在日常生活中，而不是只有打坐時才能用禪法。如何在日常生活中練習禪的智慧呢？那就是當我們做每一件工作之時，都要專心，也就是活在當下。例如：在煮菜時專心煮菜、吃飯時專心吃飯、開車時專心開車、睡覺時專心睡覺。

爲什麼生活會緊張呢？不外三個原因：一是擔心做不好，二是擔心做不完，三是希望能做得更好。在做任何工作時，只要態度認眞，清楚知道自己在做什麼，

（胡永豪　攝）

就能既專心又很輕鬆地完成事情，並且身心愉快。

因此，不要再以太忙沒時間禪修，爲不禪修的理由了。禪修並不只是禪坐而已，行住坐臥、吃飯打掃等動作都是禪修的機會，就看你如何把握當下體驗了。

沒有開悟的慧根，學禪是浪費時間？

做爲一位禪修者，如果一定要開悟才算是參禪得利、受用，則參禪、打坐的人應該是很少了，因爲眞正能夠開悟的人，在比例上是非常少的，但是不開悟是否也要修行？修行是否有用？答案當然是肯定的。

保持平穩的心態

人在緊張、混亂、恐慌、興奮、憤怒等情況下，不會有正確、明智的決定與判斷；心神不寧、精神恍惚以及不知所措，在這些情形下會更容易做錯事、說錯話，甚至於犯罪而發生「一失足成千古恨」的事情。禪修者能保持身心的冷靜、平穩、安定，在身心安定而不氣急敗壞的情況下，我們所觀察到的自己與環境，都比較中肯、正確，如此一來，參禪打坐的第一步功能，就能得到了。

我們如果能夠經常使自己保持平穩的心態，在任何狀況發生的時候，都能保持平靜的心情，就可以減少很多不必要的麻煩。因此，學打坐是很有用的。

平常心即智慧心

開悟是爲了悟得生命的智慧，而「平常心」是禪修者的智慧心。一般人碰到單純的事和普通的人，大概還能用平常心來對待，如果遇到親情、愛情等的個人情感問題，或遭到財產、名譽、地位等重大的得失關鍵，就不容易用平常心來處理了。所謂平常心，就是在日常生活中看慣、聽慣、受慣、做慣的心情，要以慣常的心境來處理反常的一切現象，而對任何不得了的天大事情，能夠當成家常事來接受它、處理它。

如果能在日常生活裡，時時刻刻注意自己的起心動念與言行，不僅生活得清清楚楚，而且要在穩定、輕鬆的心態下認眞生活。如何做到這種程度？就是當你無論做什麼事或面對什麼人的時候，首先放下瞋、愛、得、失的自我觀點，然後實事求是、就事論事地從事各項活動。如果能胸中無私，加上心無二用，就是禪的平常工夫。將此工夫持之以恆，縱然不能開悟，也是快樂的人。

（胡永豪　攝）

沒有開悟的慧根，學禪是浪費時間？

學佛入門Q&A 5

禪修入門50問

50 Questions about Beginning Chan Practice

編著	法鼓文化編輯部
攝影	王傳宏、江思賢、李東陽、李蓉生、胡永豪、施建昌、許朝益、張晴、張繼高、鄧博仁、釋果見、釋常真、釋常襄
出版	法鼓文化
總監	釋果賢
總編輯	陳重光
編輯	張晴、林文理
美術設計	和悅創意設計有限公司
地址	臺北市北投區公館路186號5樓
電話	(02)2893-4646
傳真	(02)2896-0731
網址	http://www.ddc.com.tw
E-mail	market@ddc.com.tw
讀者服務專線	(02)2896-1600
初版一刷	2015年9月
初版六刷	2022年10月
建議售價	新臺幣180元
郵撥帳號	50013371
戶名	財團法人法鼓山文教基金會—法鼓文化
北美經銷處	紐約東初禪寺 Chan Meditation Center (New York, USA) Tel: (718)592-6593 E-mail: chancenter@gmail.com

法鼓文化

國家圖書館出版品預行編目資料

禪修入門50問 / 法鼓文化編輯部編著. -- 初版.
-- 臺北市 : 法鼓文化, 2015. 09
面； 公分
ISBN 978-957-598-681-0(平裝)

1.佛教修持

225.7 104015288